AF257481

(Par Romieux.)

LES ÉLÉMENS

DU CONTRAT SOCIAL;

OU

LE DÉVELOPPEMENT

DU DROIT NATUREL DE L'HOMME

SUR LA PROPRIÉTÉ;

PRINCIPES DE LOIX *présentés à la Convention nationale et au Comité de Constitution, le douze novembre* 1792,

PAR CLAUDE ***

CITOYEN *français, Membre du Point-central des Arts et Métiers séant au Louvre.*

Jus necessitate nascitur
Possibilitateque satisfaciendi.

Se trouve à Paris, chez l'Auteur, Quai de la Féraille, N°. 54.

---

1 7 9 2.

LES ÉLÉMENS
DU CONTRAT SOCIAL.

TITRE PREMIER.

Développement des Principes.

ARTICLE PREMIER.

LA Loi naît de l'anarchie et de l'insuffisance des choses.

I I.

Dans l'état d'anarchie toutes les jouissances sont communes, et tous les droits sont égaux.

I I I.

Si l'anarchie étoit sans insuffisance, la Loi seroit inutile. C'est l'insuffisance qui veut des partages et des garanties de droits acquis par le partage.

I V.

L'égalité de droits veut l'égalité des partages et l'égalité des devoirs ; et cet état est le premier de la Société, et la bâse de tous les autres.

V.

La Société, pour se maintenir, a besoin de créer des emplois différens; et l'impuissance de plusieurs à les remplir, en exige la distribution inégale; de cet inégalité naît le desir de surpasser en jouissance à raison de ses talens personnels.

V I.

La portion naturelle de l'homme est inviolable et inaliénable; elle peut être échangée, mais jamais anéantie : elle contient, dans toute l'étendue des possibles, la somme totale de ses besoins, et son cautionnement pose universellement sur tout le sol de l'Etat; et même sur les autres Pays, si momentanément l'Etat étoit dans l'impuissance de fournir à ses besoins.

V I I.

La récompense due aux talens ne doit point priver l'homme de son nécessaire; et dans le cas d'indigence, de la part du secourable, la Société doit la fournir de son superflu; et ce superflu est toujours très-abondant lorsque l'Etat est bien réglé.

V I I I.

L'homme utile ne doit pas être esclave de son industrie; il doit être libre de se reposer quand il a suffisamment gagné pour subsister de ses épargnes. La rente du bien qu'il en achète n'est pour lui, à bien prendre, que l'indemnité de la somme qu'il y a placé et des soins qu'il y prend.

I X.

A la mort du possesseur, le bien retourne de droit au Domaine commun, et la Société a droit d'en disposer de la manière qu'il lui plaît ; pourvu qu'elle ne nuise ni aux mœurs, ni au droit naturel.

X.

Le droit naturel a pour principe le sentiment inné de l'homme, modifié par la nécessité commune. Son objet est la tention à l'égalité et la perfection. Il est avant la Loi, et le principe exclusif et immédiat de la Loi.

X I.

On ne peut, en aucun cas, supposer qu'un homme ait voulu se frustrer de ses droits naturels, parce que le premier ami de l'homme c'est lui-même ; et lorsqu'il manifeste une volonté contraire à ses intérêts, il est clair que le vœu extérieur est l'effet d'une fausse combinaison, et qu'il ne doit pas prévaloir contre le vœu intérieur qui est inné.

X I I.

Le premier vœu inné de l'homme, c'est de subsister, de jouir de son être, et de se dégager, autant qu'il est possible, de toutes les peines qui peuvent s'éviter ; le second, c'est de jouir du

(6)

fruit de son industrie, et d'en disposer de la manière qu'il lui plait : de là vient le droit d'héritage.

X I I I.

Le premier vœu inné de la Société consiste à assurer à tous ses individus une subsistance certaine et suffisante. Le second, consiste à augmenter la valeur de son domaine par la protection des Arts; l'encouragement des Artistes; et tout ce qui peut concourir au plus grand bien de ses individus. Ces vœux sont les mêmes que les précédens, conduits et modérés par la nécessité réciproque.

X I V.

De l'énoncé dans les titres ci-dessus il résulte : que le Contrat social existe tacitement et de lui-même, par le vœu inné de l'homme, qui, étant égal en force avec ses semblables, ne peut leur refuser des secours dont il a dans le cœur le désir immuable (1), et qu'il ne peut obtenir que par la plus exacte réciprocité.

X V.

Ce vœu ainsi déterminé il ne s'agit plus que de l'effectuer : on y parvient par les salaires, les dons gratuits ou contribution succurale, et par la propriété.

---

(1) Un desir immuable est une volonté formelle, lorsqu'il rencontre une réciprocité identique.

TITRE DEUXIÈME.

Principes de la distribution sociale et des salaires.

ARTICLE PREMIER.

Dans une Société nouvelle les partages des terres doivent être égaux : dans une Société déjà formée, ils doivent être conformes aux Loix adoptées par la Société ; et tout titre d'accord à ses principes doit y être conservé.

I I.

L'homme entrant en Société ne peut y conserver en substance sa portion naturelle ; premièrement, parce qu'elle deviendroit un sujet de partages continuels et impraticables ; secondement, parce qu'elle mettroit des entraves à son industrie et à sa liberté : en diminuant l'industrie de l'homme elle affoibliroit la valeur des choses ; et par là même diminueroit le produit du Domaine universel.

I I I.

On pourroit néanmoins, par un accord combiné, affecter un canton à un nombre d'hommes ; mais il résulteroit de là que, jouissant d'une subsistance trop uniforme, ils s'abandonneroient à l'inertie et négligeroient des talens qui veulent des efforts, et qui sont la source la plus féconde de la richesse publique.

I V.

Dans l'état de nature, l'homme éloigné de l'art vivroit pauvre sans indigence, à l'aide d'un travail modéré : entrant en Société, il conserve ces mêmes droits ; et cet état est le dernier dans lequel il doive descendre.

V.

En Société la propriété naturelle cesse d'être un droit direct ; elle n'existe plus qu'hypothécairement ; elle est remplacée par les salaires, et à leur défaut par les secours.

V I.

L'homme une fois en Société et dégagé du terrain auquel il étoit assujettit, peut, selon son génie et ses facultés physiques, choisir l'état qu'il lui plaît ; si son travail est grossier, sans art, et semblable à celui qu'il faisoit dans l'état de nature, il suffit que le produit de ses journées lui rende l'équivalent des jouissances qu'il y auroit : mais s'il met de l'art dans son travail, son émulation doit être récompensée ; premièrement, par la volonté de la Loi, et ensuite par la volonté libre des contractans.

V I I.

La volonté de la Loi, à l'égard des salaires, est d'assurer, à l'homme sans art, un produit

annuel qui équivale celui de sa portion naturelle ; et en outre une petite augmentation ca-
pable de récompenser ses talens : la valeur totale
des œuvres ne pouvant être déterminée que
par l'usage ou de gré à gré entre les contractans.

TITRE TROISIÈME.

Des Secours ou Dons gratuits.

ARTICLE PREMIER.

En vertu du Contrat social, les hommes se
doivent des secours réciproques : et ces secours
sont de diverses classes selon la nature des besoins et des engagemens.

II.

Nul n'a droit aux secours d'autrui qu'en vertu
de son impuissance à se les fournir.

III.

Tous secours ou aisances accordés de gré à
gré, ou à titre d'encouragemens, ne sont légi-
times que lorsque le secouru est dans un plus
grand besoin que le cessionnaire ; ou qu'il existe
une concession équivalente de choses ou de pri-
vilèges légalement acquis. Hors ces cas il est
sujet à une indemnité équivalente, et de droit
naturel et imprescriptible ; celui qui a rendu des
secours gratuits, a droit, à titre d'indemnité,
à ceux de celui qu'il a secouru, lorsque ce der-

nier est dans une situation plus aisée que celle de son bienfaiteur.

I V.

Il est des secours acquis par un contrat formé entre un petit nombre de personnes, par lequel on s'est mutuellement promis des soins réciproques; d'autres sont acquis par le droit naturel.

V.

Il y a communauté de biens entre père, fils, frère, sœur, époux et épouse; et de cette communauté naît le droit réciproque aux secours de ceux qui peuvent les procurer : ces droits doivent être déterminés par la Loi.

V I.

Les secours que se doivent les parens sont une amitié de droit, et une protection constante : ce devoir est un des plus sacrés de la nature.

V I I.

La Société doit généralement une protection constante à tous ses individus à raison de leur mérite et de leurs vertus, et de celles qu'ils sont susceptibles d'acquérir; mais parmi un si grand nombre il peut s'en trouver qui soient oubliés; la parentée est un cercle moins étendu, ordinairement assez grand pour que tous puissent prospérer à l'aide de leur protection; et assez petit pour qu'aucun ne leur reste inconnu : de là vient que les parens, et sur-tout les nécessiteux, ont un droit privilégié à la protection et aux bienfaits de ceux de leur race, à raison de leurs besoins et de leur mérite (1).

V I I I.

La Société doit des secours à tous ceux qui sont abandonnés, et dont les redevables sont dans l'impuissance de remplir leurs engagemens. Enfin la Société est une caution universelle qui paye pour elle et pour tous ceux qu'elle ne peut pas faire payer; afin que tout homme soit secouru dans toute l'étendu des possibles.

I X.

Les moyens de secours doivent être découverts par les hommes éclairés, et déterminés par la Loi : ils doivent avoir pour but le plus grand bien de l'humanité qui est l'accroissement des lumières et des vertus, la protection des arts, et la satisfaction des besoins physiques.

X.

Ils doivent être fournis par tous les individus à raison de leurs facultés physiques et morales; quiconque s'y refuse est injuste; l'homme ne

---

(1) Plus on a de parens dans le pays qu'on habite et plus on est sujet à être abandonné du Public, parce que chacun s'imagine qu'on en est secouru.

doit pas être à la merci de l'homme ; mais sous la protection constante de la Loi : or, c'est mettre l'homme à la merci de l'homme, que de faire dépendre son bien-être de la volonté individuelle de ceux qui l'environnent.

X I.

La Loi est injuste lorsqu'elle permet qu'il y ait des malheureux, et qu'elle pourroit faire qu'il n'y en eût pas ; elle l'est pareillement, elle avilit la Société dont elle est l'organe, lorsqu'elle souffre que par pitié pour certains individus, qu'elle abandonne, d'autres satisfassent aux devoirs qu'elle pourroit remplir.

X I I.

Il est néanmoins des cas où il est à propos que l'homme soit à la merci de la bienfaisance individuelle de l'homme. Ce cas existe lorsqu'il est propable que des services trop constans pourroient rallentir son industrie et augmenter sa mollesse : alors la nécessité de demander est une humiliation utile.

X I I I.

Enfin les secours sont un devoir que chacun doit remplir à défaut de la Loi ; et que la Loi doit remplir à défaut de tous. Il ne doit y avoir de malheureux sous la Loi que les méchans, les paresseux, et ceux qu'elle est dans l'impossibilité de secourir.

TITRE QUATRIÈME.

De la Propriété.

ARTICLE PREMIER.

La propriété s'étend sur les talens et sur les choses.

I I.

La propriété des talens est individuelle et inaliénable, et n'est sujette à aucune autre restriction que la contribution succurale.

I I I.

La contribution succurale est l'énoncé du Titre troisième ci-dessus, elle consiste en un tribut de choses et de peines dues aux nécessiteux.

I V.

Le produit des talens est aliénable dans les termes prescrits par la Loi ; et quant il s'agit des œuvres promises, l'aliénation doit être limitée de la manière la plus avantageuse aux contractans ; et la loi doit y porter ses soins.

V.

L'aliénation du produit des talens ne doit jamais restreindre la liberté de celui qui les

possède, à moins d'une nécessité bien reconnue
par la Loi.

V I.

Dans l'état de nature, la propriété des choses
est commune : en Société, elle est en partie
commune et en partie individuelle. Ces diffé-
rences doivent être déterminées par la Loi, et
garenties par la force publique.

V I I.

La propriété se divise en propriété directe
et propriété indirecte.

V I I I.

La propriété directe est un droit exclusif de
posséder dans les termes prescrits par la Loi.

I X.

La propriété indirecte est le droit que tout
homme, impuissant à se fournir ses besoins,
a sur les œuvres et sur les possessions d'autrui.

X.

Toute propriété est inviolable ; mais celle
du nécessiteux est la première et la seule qui
doit prévaloir.

X I.

La force publique est le métier des armes, et le soutient de la Loi. Sans elle la propriété est presque nulle et livrée à l'incursion : ce métier exige qu'on sacrifie sa vie dans l'occasion ; et l'indemnité due à ce sacrifice n'a de bornes que l'intérêt général.

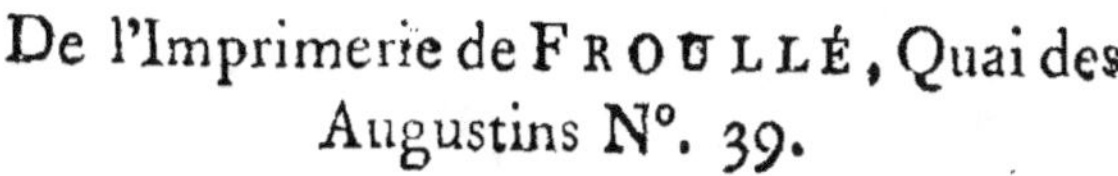

De l'Imprimerie de FROULLÉ, Quai des Augustins Nº. 39.

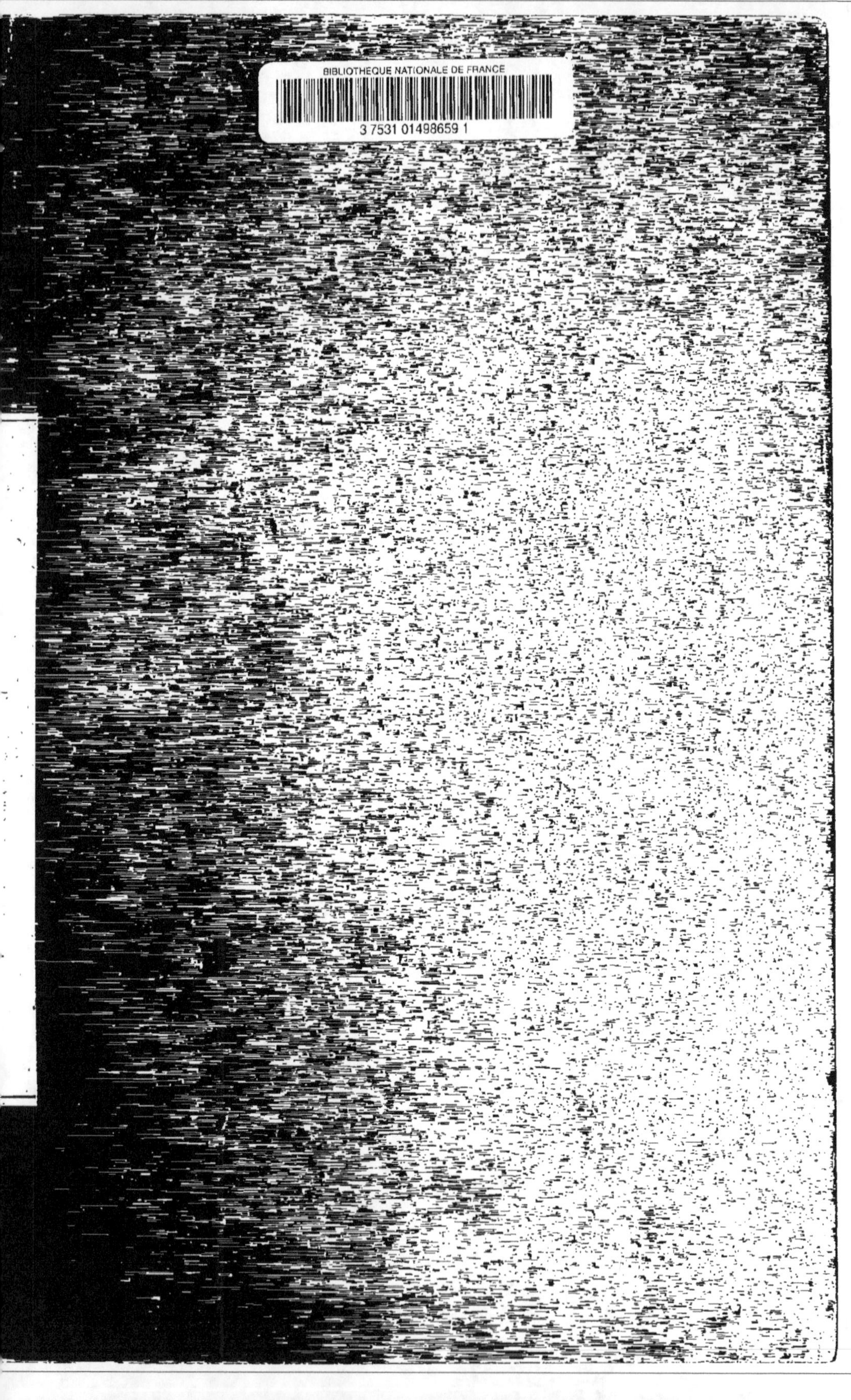

www.ingramcontent.com/pod-product-compliance
Lightning Source LLC
Chambersburg PA
CBHW051426060726
47596CB00006B/2384